TOOLS _____

EYES _____

SKIN _____

CHEEKS _____

FACE _____

LIPS _____

TOOLS _____   EYES _____

SKIN _____   CHEEKS _____

FACE _____   LIPS _____

TOOLS _____ EYES _____

SKIN _____ CHEEKS _____

FACE _____ LIPS _____

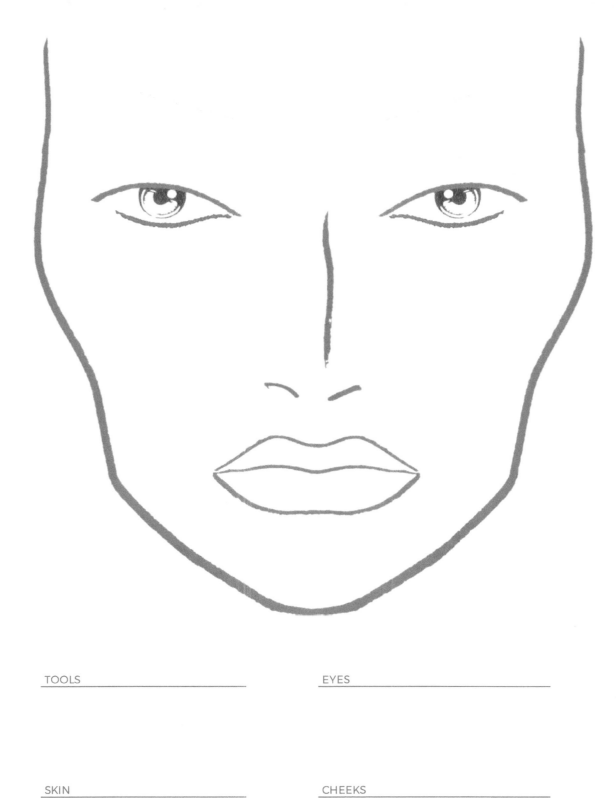

TOOLS _____   EYES _____

SKIN _____   CHEEKS _____

FACE _____   LIPS _____

TOOLS _____   EYES _____

SKIN _____   CHEEKS _____

FACE _____   LIPS _____

TOOLS   EYES

SKIN   CHEEKS

FACE   LIPS

TOOLS _____   EYES _____

SKIN _____   CHEEKS _____

FACE _____   LIPS _____

TOOLS _____   EYES _____

SKIN _____   CHEEKS _____

FACE _____   LIPS _____

TOOLS _____   EYES _____

SKIN _____   CHEEKS _____

FACE _____   LIPS _____

TOOLS _____   EYES _____

SKIN _____   CHEEKS _____

FACE _____   LIPS _____

TOOLS _____   EYES _____

SKIN _____   CHEEKS _____

FACE _____   LIPS _____

TOOLS _____

EYES _____

SKIN _____

CHEEKS _____

FACE _____

LIPS _____

TOOLS _____   EYES _____

SKIN _____   CHEEKS _____

FACE _____   LIPS _____

TOOLS _____   EYES _____

SKIN _____   CHEEKS _____

FACE _____   LIPS _____

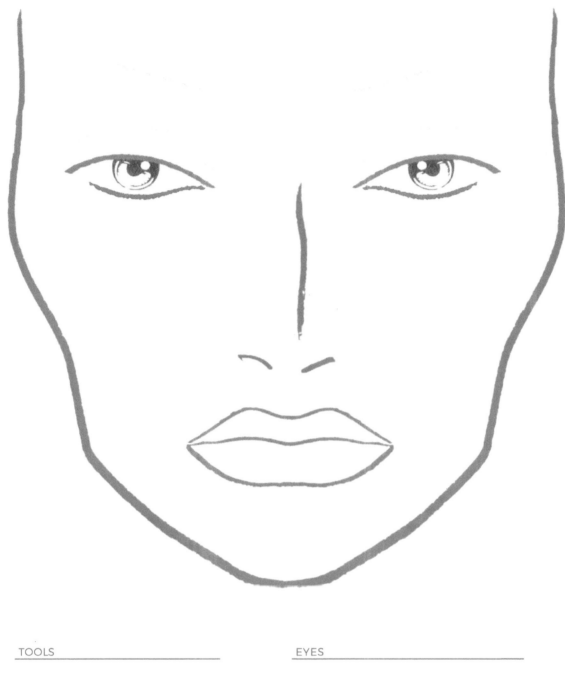

TOOLS _____   EYES _____

SKIN _____   CHEEKS _____

FACE _____   LIPS _____

TOOLS _____ EYES _____

SKIN _____ CHEEKS _____

FACE _____ LIPS _____

TOOLS _____   EYES _____

SKIN _____   CHEEKS _____

FACE _____   LIPS _____

TOOLS _____   EYES _____

SKIN _____   CHEEKS _____

FACE _____   LIPS _____

TOOLS _____   EYES _____

SKIN _____   CHEEKS _____

FACE _____   LIPS _____

TOOLS _____   EYES _____

SKIN _____   CHEEKS _____

FACE _____   LIPS _____

TOOLS _____   EYES _____

SKIN _____   CHEEKS _____

FACE _____   LIPS _____

TOOLS _____   EYES _____

SKIN _____   CHEEKS _____

FACE _____   LIPS _____

TOOLS _____   EYES _____

SKIN _____   CHEEKS _____

FACE _____   LIPS _____

TOOLS _____   EYES _____

SKIN _____   CHEEKS _____

FACE _____   LIPS _____

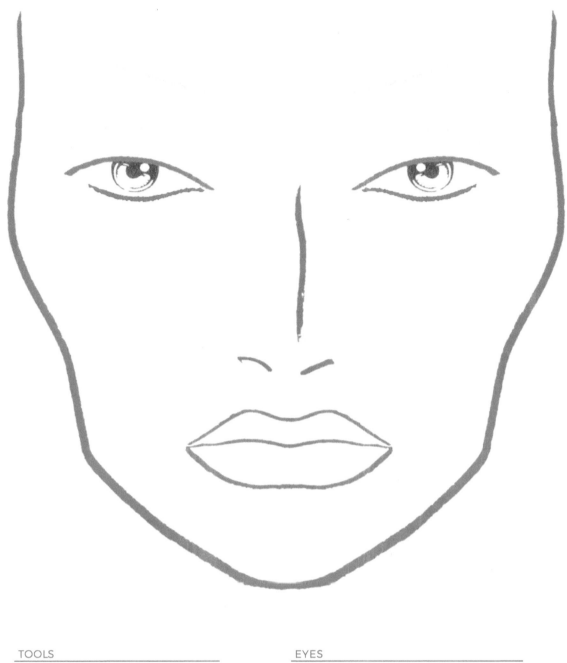

TOOLS _____ EYES _____

SKIN _____ CHEEKS _____

FACE _____ LIPS _____

TOOLS _____   EYES _____

SKIN _____   CHEEKS _____

FACE _____   LIPS _____

TOOLS _____   EYES _____

SKIN _____   CHEEKS _____

FACE _____   LIPS _____

TOOLS _____   EYES _____

SKIN _____   CHEEKS _____

FACE _____   LIPS _____

TOOLS _____   EYES _____

SKIN _____   CHEEKS _____

FACE _____   LIPS _____

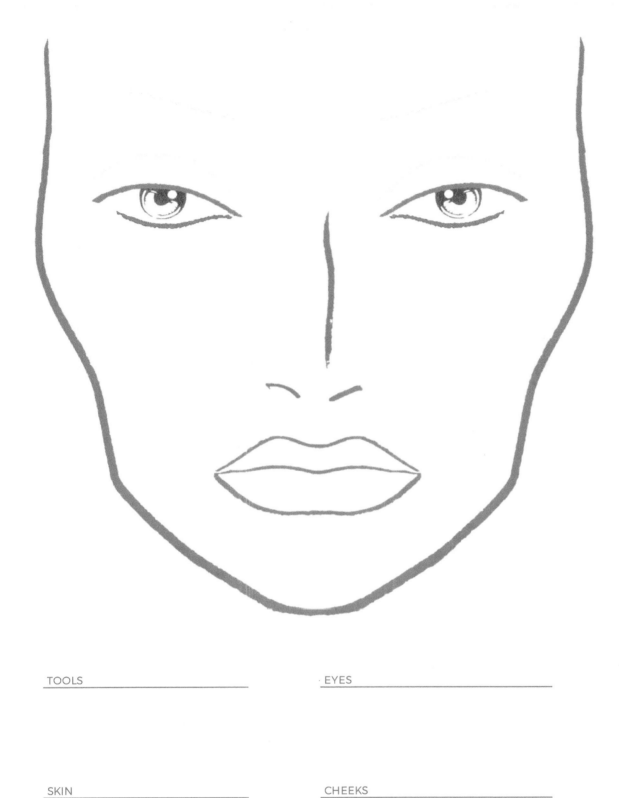

TOOLS _____   EYES _____

SKIN _____   CHEEKS _____

FACE _____   LIPS _____

TOOLS _____   EYES _____

SKIN _____   CHEEKS _____

FACE _____   LIPS _____

TOOLS _____   EYES _____

SKIN _____   CHEEKS _____

FACE _____   LIPS _____

TOOLS _____

EYES _____

SKIN _____

CHEEKS _____

FACE _____

LIPS _____

TOOLS _____   EYES _____

SKIN _____   CHEEKS _____

FACE _____   LIPS _____

TOOLS _____   EYES _____

SKIN _____   CHEEKS _____

FACE _____   LIPS _____

TOOLS _____

EYES _____

SKIN _____

CHEEKS _____

FACE _____

LIPS _____

TOOLS _____   EYES _____

SKIN _____   CHEEKS _____

FACE _____   LIPS _____

TOOLS _____   EYES _____

SKIN _____   CHEEKS _____

FACE _____   LIPS _____

TOOLS _____ EYES _____

SKIN _____ CHEEKS _____

FACE _____ LIPS _____

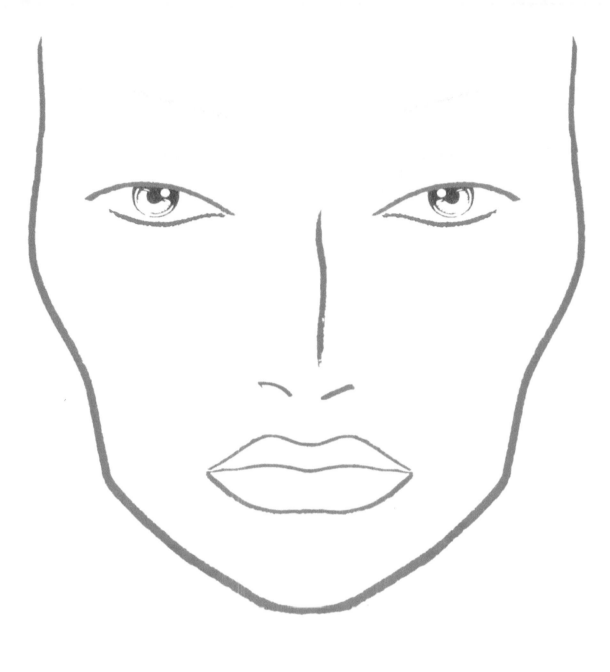

TOOLS _____   EYES _____

SKIN _____   CHEEKS _____

FACE _____   LIPS _____

TOOLS _____

EYES _____

SKIN _____

CHEEKS _____

FACE _____

LIPS _____

TOOLS _____   EYES _____

SKIN _____   CHEEKS _____

FACE _____   LIPS _____

TOOLS _____

EYES _____

SKIN _____

CHEEKS _____

FACE _____

LIPS _____

TOOLS _____   EYES _____

SKIN _____   CHEEKS _____

FACE _____   LIPS _____

TOOLS _____ EYES _____

SKIN _____ CHEEKS _____

FACE _____ LIPS _____

TOOLS _____   EYES _____

SKIN _____   CHEEKS _____

FACE _____   LIPS _____

TOOLS _____   EYES _____

SKIN _____   CHEEKS _____

FACE _____   LIPS _____

TOOLS _____ EYES _____

SKIN _____ CHEEKS _____

FACE _____ LIPS _____

TOOLS _____   EYES _____

SKIN _____   CHEEKS _____

FACE _____   LIPS _____

TOOLS _____   EYES _____

SKIN _____   CHEEKS _____

FACE _____   LIPS _____

TOOLS _____   EYES _____

SKIN _____   CHEEKS _____

FACE _____   LIPS _____

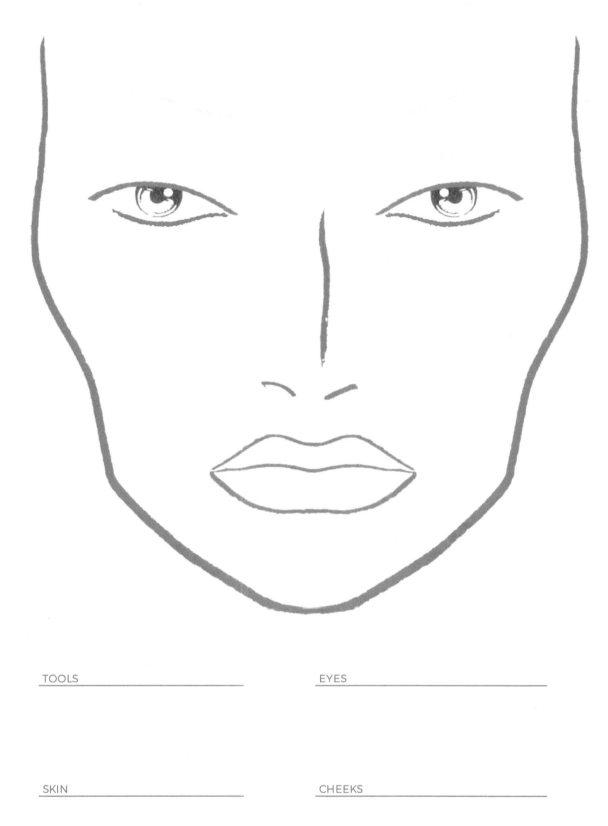

TOOLS _____ EYES _____

SKIN _____ CHEEKS _____

FACE _____ LIPS _____

TOOLS _____ EYES _____

SKIN _____ CHEEKS _____

FACE _____ LIPS _____

TOOLS _____

EYES _____

SKIN _____

CHEEKS _____

FACE _____

LIPS _____

TOOLS _____   EYES _____

SKIN _____   CHEEKS _____

FACE _____   LIPS _____

TOOLS _____

EYES _____

SKIN _____

CHEEKS _____

FACE _____

LIPS _____

TOOLS _____   EYES _____

SKIN _____   CHEEKS _____

FACE _____   LIPS _____

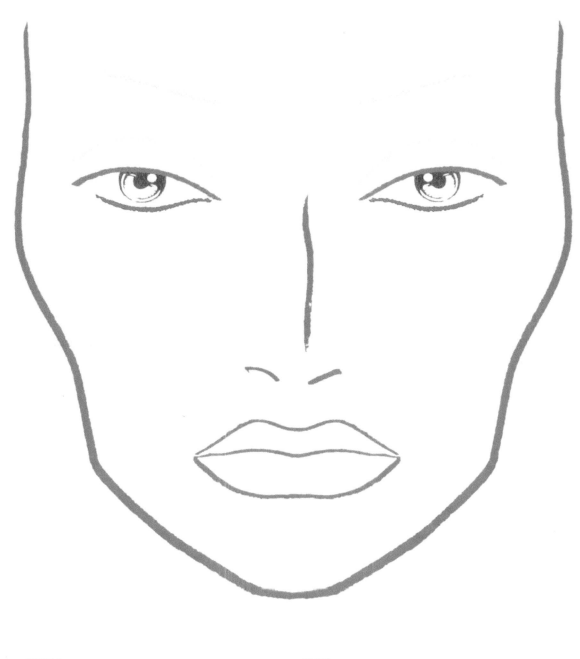

TOOLS _____   EYES _____

SKIN _____   CHEEKS _____

FACE _____   LIPS _____

TOOLS _____

EYES _____

SKIN _____

CHEEKS _____

FACE _____

LIPS _____

TOOLS _____   EYES _____

SKIN _____   CHEEKS _____

FACE _____   LIPS _____

TOOLS _____   EYES _____

SKIN _____   CHEEKS _____

FACE _____   LIPS _____

TOOLS _____   EYES _____

SKIN _____   CHEEKS _____

FACE _____   LIPS _____

TOOLS _____   EYES _____

SKIN _____   CHEEKS _____

FACE _____   LIPS _____

TOOLS _____

EYES _____

SKIN _____

CHEEKS _____

FACE _____

LIPS _____

TOOLS _____   EYES _____

SKIN _____   CHEEKS _____

FACE _____   LIPS _____

TOOLS _____   EYES _____

SKIN _____   CHEEKS _____

FACE _____   LIPS _____

TOOLS _____

EYES _____

SKIN _____

CHEEKS _____

FACE _____

LIPS _____

TOOLS _____   EYES _____

SKIN _____   CHEEKS _____

FACE _____   LIPS _____

TOOLS _____   EYES _____

SKIN _____   CHEEKS _____

FACE _____   LIPS _____

TOOLS _____   EYES _____

SKIN _____   CHEEKS _____

FACE _____   LIPS _____

TOOLS _____   EYES _____

SKIN _____   CHEEKS _____

FACE _____   LIPS _____

TOOLS _____   EYES _____

SKIN _____   CHEEKS _____

FACE _____   LIPS _____

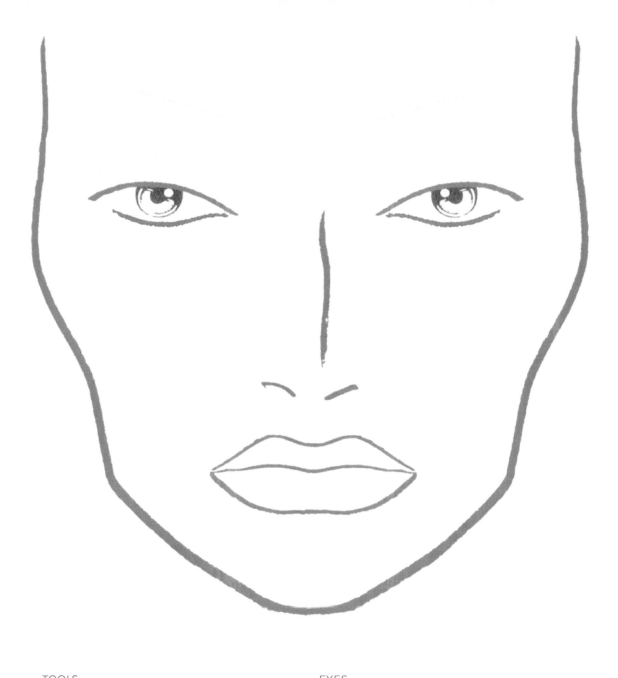

TOOLS _____   EYES _____

SKIN _____   CHEEKS _____

FACE _____   LIPS _____

TOOLS _____   EYES _____

SKIN _____   CHEEKS _____

FACE _____   LIPS _____

TOOLS _____   EYES _____

SKIN _____   CHEEKS _____

FACE _____   LIPS _____

TOOLS _____   EYES _____

SKIN _____   CHEEKS _____

FACE _____   LIPS _____

TOOLS _____

EYES _____

SKIN _____

CHEEKS _____

FACE _____

LIPS _____

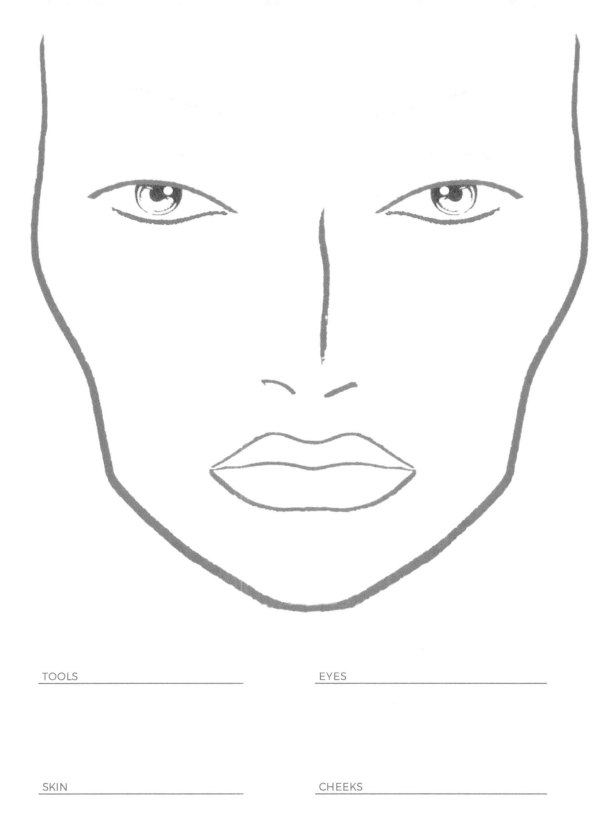

TOOLS _____   EYES _____

SKIN _____   CHEEKS _____

FACE _____   LIPS _____

TOOLS _____   EYES _____

SKIN _____   CHEEKS _____

FACE _____   LIPS _____

TOOLS _____

EYES _____

SKIN _____

CHEEKS _____

FACE _____

LIPS _____

TOOLS _____   EYES _____

SKIN _____   CHEEKS _____

FACE _____   LIPS _____

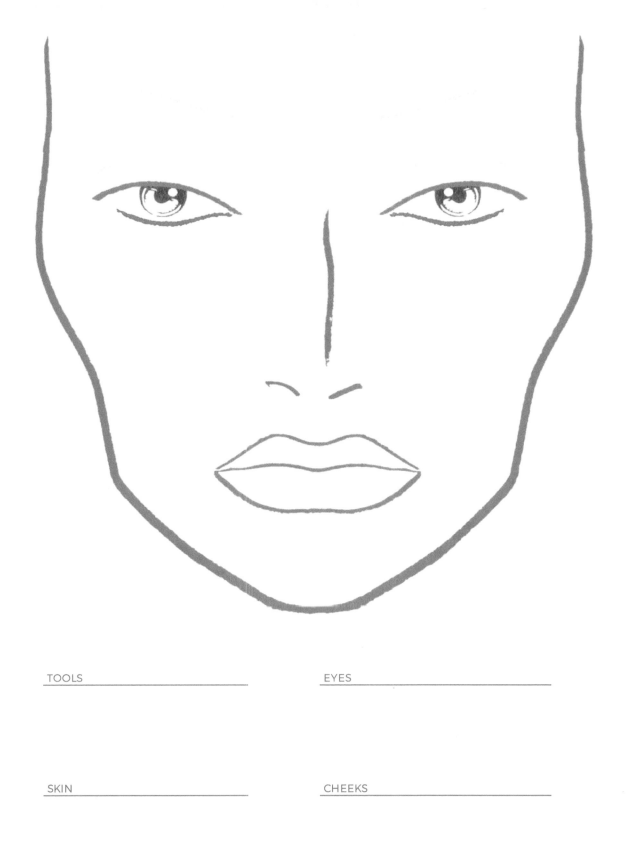

TOOLS _____   EYES _____

SKIN _____   CHEEKS _____

FACE _____   LIPS _____

TOOLS _____   EYES _____

SKIN _____   CHEEKS _____

FACE _____   LIPS _____

TOOLS _____

EYES _____

SKIN _____

CHEEKS _____

FACE _____

LIPS _____

TOOLS _____

EYES _____

SKIN _____

CHEEKS _____

FACE _____

LIPS _____

TOOLS _____   EYES _____

SKIN _____   CHEEKS _____

FACE _____   LIPS _____

TOOLS _____   EYES _____

SKIN _____   CHEEKS _____

FACE _____   LIPS _____

TOOLS _____

EYES _____

SKIN _____

CHEEKS _____

FACE _____

LIPS _____

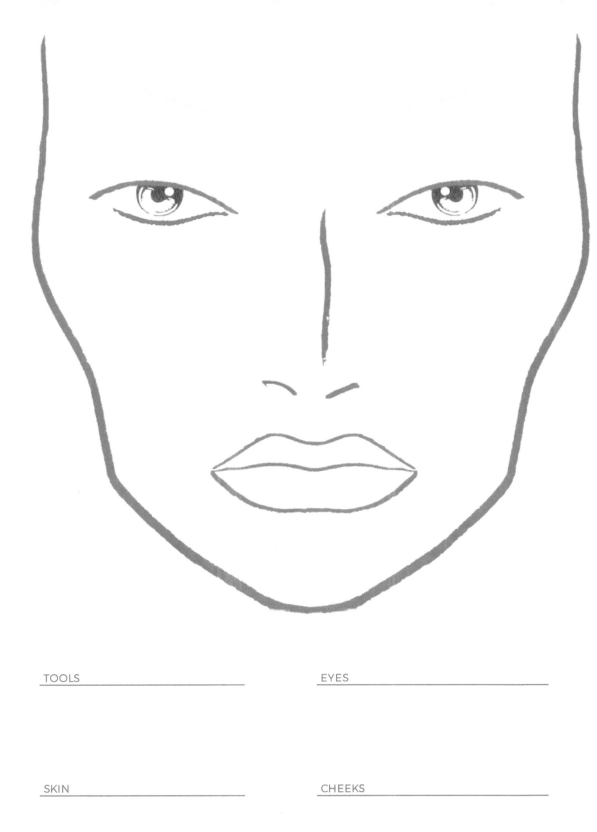

TOOLS _____   EYES _____

SKIN _____   CHEEKS _____

FACE _____   LIPS _____

TOOLS _____   EYES _____

SKIN _____   CHEEKS _____

FACE _____   LIPS _____

TOOLS _____   EYES _____

SKIN _____   CHEEKS _____

FACE _____   LIPS _____

TOOLS _____   EYES _____

SKIN _____   CHEEKS _____

FACE _____   LIPS _____

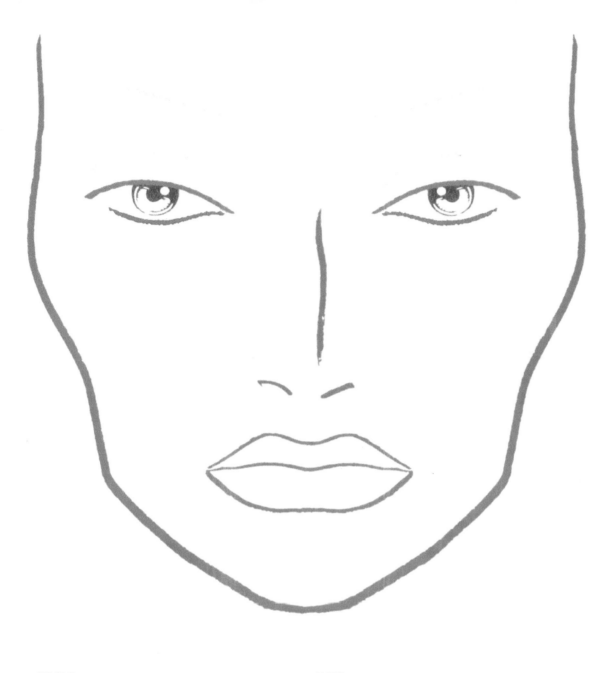

TOOLS _____   EYES _____

SKIN _____   CHEEKS _____

FACE _____   LIPS _____

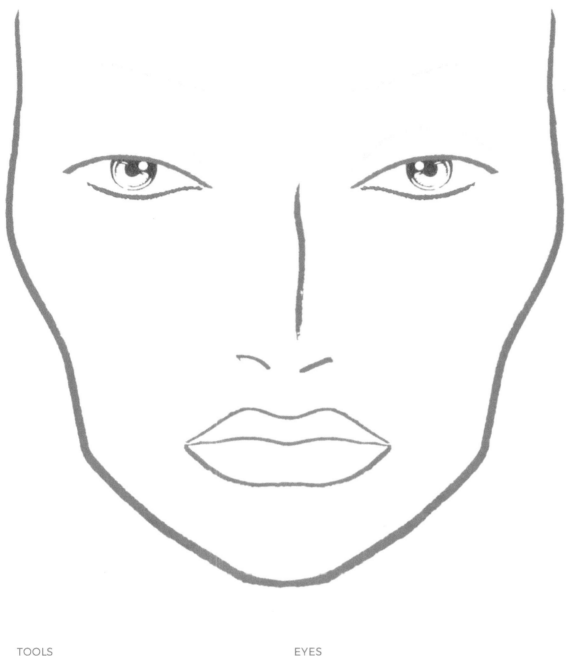

TOOLS _____   EYES _____

SKIN _____   CHEEKS _____

FACE _____   LIPS _____

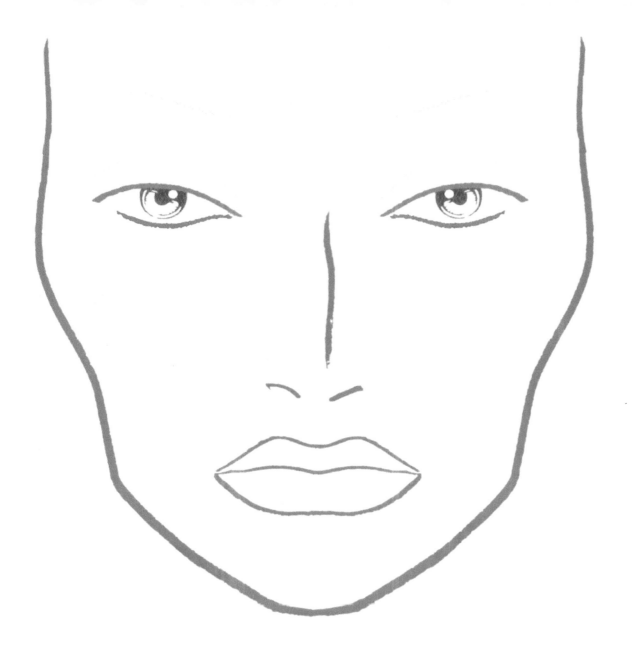

TOOLS _____   EYES _____

SKIN _____   CHEEKS _____

FACE _____   LIPS _____

TOOLS _____   EYES _____

SKIN _____   CHEEKS _____

FACE _____   LIPS _____

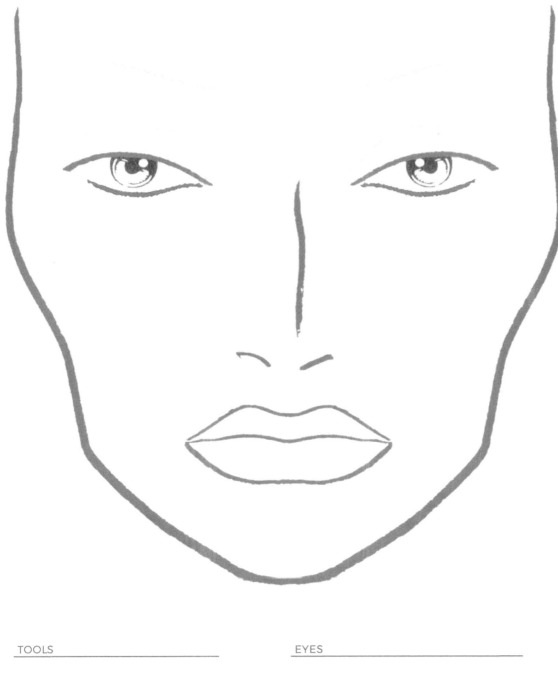

TOOLS _____   EYES _____

SKIN _____   CHEEKS _____

FACE _____   LIPS _____

TOOLS _____   EYES _____

SKIN _____   CHEEKS _____

FACE _____   LIPS _____

TOOLS _____   EYES _____

SKIN _____   CHEEKS _____

FACE _____   LIPS _____

TOOLS _____   EYES _____

SKIN _____   CHEEKS _____

FACE _____   LIPS _____

19608643R00113